con SUMA Y SIGUE...

Entrénate
para las
pruebas
de diagnóstico.

Repasa
para superar
el curso.

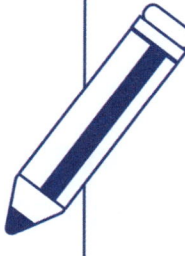

Descubre cómo
te acompañan
las matemáticas
en tu día a día.

¡Convierte las
matemáticas
en tus aliadas!

Este cuaderno
pertenece a: ....

....

B Bruño

1 Juan tenía 20 canicas, ganó 15 en un juego y después perdió 5. ¿Cuántas canicas tiene ahora?

Respuesta: _____

2 Ana compró 30 manzanas, horneó un bizcocho con 10 y luego compró 5 más. ¿Cuántas manzanas tiene ahora?

Respuesta: _____

3 Carlos tenía 50 euros, gastó 24 en un juguete y más tarde le regalaron 16 euros más. ¿Cuánto dinero tiene ahora?

Respuesta: _____

4 María tenía 43 lápices de colores, regaló 8 a sus amigos y compró 12 más. ¿Cuántos lápices de colores tiene ahora?

Respuesta: _____

5 En una clase hay 25 estudiantes, llegaron 13 más y luego se fueron 5. ¿Cuántos estudiantes hay ahora en la clase?

Respuesta: _____

6 Luis tenía 90 cromos, perdió 35 y después ganó 23 en un intercambio. ¿Cuántos cromos tiene ahora?

Respuesta: _____

7 En una biblioteca hay 84 libros, prestaron 26 y luego recibieron 18 nuevos. ¿Cuántos libros hay ahora en la biblioteca?

Respuesta: _____

8 Pedro tenía 89 euros, gastó 53 en una mochila y sus padres le dieron 34 más. ¿Cuánto dinero tiene ahora?

Respuesta: _____

9 En un parque había 43 niños y niñas llegaron 25 y más tarde se fueron 16. ¿Cuántos niños y niñas hay ahora en el parque?

Respuesta: _____

10 Sofía tenía 67 pistachos, se comió 28 y luego compró 12 más. ¿Cuántos pistachos tiene ahora?

Respuesta: _____

FICHA **2**

1 Carlos tenía 35 euros, gastó 18 en un juguete y su hermana le regaló 9 euros más. ¿Cuánto dinero tiene ahora?

Respuesta: _____

2 María tenía 63 lápices, regaló 26 a sus amigos y compró 15 más. ¿Cuántos lápices tiene ahora?

Respuesta: _____

3 En una clase hay 35 estudiantes, llegaron 12 más pero se fueron 8. ¿Cuántos estudiantes hay ahora en la clase?

Respuesta: _____

4 Luis tenía 94 cromos, perdió 46 y después le regalaron 34. ¿Cuántos cromos tiene ahora?

Respuesta: _____

5 En una biblioteca hay 87 libros, prestaron 22 y luego recibieron 48 nuevos. ¿Cuántos libros hay ahora en la biblioteca?

Respuesta: _____

6 Pedro tenía 54 euros, gastó 47 en un juego de mesa y sus abuelos le dieron 25 más. ¿Cuánto dinero tiene ahora?

Respuesta: _____

7 En una ludoteca había 53 niños y niñas, llegaron 24 más pero se fueron 19. ¿Cuántos niños y niñas hay ahora en la ludoteca?

Respuesta: _____

8 Sofía tenía 80 uvas, se comió 34 y luego compró 15 más. ¿Cuántas uvas tiene ahora?

Respuesta: _____

9 Juan tenía 66 canicas, ganó 25 en un juego y después perdió 34. ¿Cuántas canicas tiene ahora?

Respuesta: _____

10 Ana compró 53 mandarinas, se comió 14 y seguidamente compró 25 más. ¿Cuántas mandarinas tiene ahora?

Respuesta: _____

¡CREAMOS UNA ONG!

Queremos llevar alimentos a las niñas y los niños de la India que no tienen recursos.

1 El avión que lleva los alimentos tiene que hacer una escala en El Cairo y luego va directo a Delhi. El primer vuelo dura 4 horas y 45 minutos y el segundo vuelo, 6 horas y 15 minutos.

¿Cuánto tiempo se vuela en total? **Colorea** la respuesta correcta.

10 horas	9 horas	11 horas	12 horas

2 En total llevamos 3 paquetes de comida.

	kilos
Paquete 1	134
Paquete 2	226
Paquete 3	135

¿Cuántos kilos vamos a donar?
Rodea la respuesta correcta.

500 kg	495 kg
490 kg	360 kg

3 El paquete número 3 lleva alimentos variados.

	Pasta	Legumbres	Latas de conserva	Leche en polvo
Kg recogidos	40	35	40	20

Indica si es verdadero (V) o falso (F).

	Verdadero	Falso
Lo que más se ha donado es leche en polvo.		
Se lleva la misma cantidad de pasta que de latas en conserva.		
Se han donado 30 kg de legumbres.		
Entre legumbres y leche en polvo suman 50 kg.		

4 Muchas latas de conserva, vistas desde arriba, tienen esta forma:

¿Cómo se llama esta forma? **Colorea** la respuesta correcta.

| Cuadrado | Triángulo | Círculo | Rectángulo |

5 Cada familia recibirá una bolsa con los siguientes alimentos:

	Pasta	Legumbres	Leche	Conservas
Cantidad	2 kg	3 kg	1 kg	4 kg

Ordena de menor a mayor según lo que reciben.

_____ < _____ < _____ < _____

6 La ONG empezó con 23 personas. Después, se unieron 38 personas más pero 12 se han mudado de casa y no pueden ayudar. ¿Cuántas personas somos parte de la ONG?

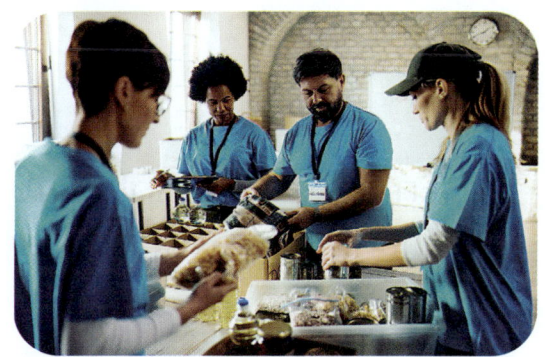

Respuesta: _____

1 En una tienda hay 45 clientes, llegaron 15 más y luego se fueron 17. ¿Cuántos clientes hay ahora en la tienda?

Respuesta: _____

2 Luis tenía 74 cromos, perdió 35 y después compró otros 26. ¿Cuántos cromos tiene ahora?

Respuesta: _____

3 En una tienda hay 80 bicicletas para alquilar, prestaron 33 y luego les devolvieron 29. ¿Cuántas bicis hay ahora disponibles?

Respuesta: _____

4 Pedro tenía 55 euros, le regalaron 35 € y con lo que tenía se compró un juego de 63 €. ¿Cuánto dinero tiene ahora?

Respuesta: _____

5 En una fiesta había 45 personas, llegaron 35 pero se fueron 23. ¿Cuántas personas quedan en la fiesta?

Respuesta: _____

6 Sofía tenía 54 almendras, se comió 35 y después compró 20 más. ¿Cuántas almendras tiene ahora?

Respuesta: _____

7 Juan tenía 74 bolígrafos, ganó 20 en un sorteo y luego se le gastaron 56. ¿Cuántos bolis tiene ahora?

Respuesta: _____

8 Ana compró 54 tomates, 25 se pusieron malos y posteriormente compró otros 49 más. ¿Cuántos tomates tiene ahora?

Respuesta: _____

9 Carlos tenía un billete de 50 euros, gastó 20 euros en un juguete y más tarde encontró 15 euros en el bolsillo de su chaqueta. ¿Cuánto dinero tiene ahora?

Respuesta: _____

10 María tenía 85 gominolas, repartió 36 a sus amigos y luego compró 17 más. ¿Cuántas gominolas tiene ahora?

Respuesta: _____

1 En una huevería hay 87 huevos, vendieron 29 pero recibieron 33 huevos más. ¿Cuántos huevos hay ahora en la huevería?

Respuesta: _____

2 Pedro tenía 235 euros, gastó 74 en una bicicleta y después le dieron 50 más. ¿Cuánto dinero tiene ahora?

Respuesta: _____

3 En un parque había 34 niños y niñas, llegaron 13 más y luego se fueron 25. ¿Cuántos niños y niñas hay ahora en el parque?

Respuesta: _____

4 Sofía tenía 120 avellanas, se comió 14 pero compró 25 más. ¿Cuántas avellanas tiene ahora?

Respuesta: _____

5 Juan tenía 132 canicas, ganó 15 en un juego y más tarde perdió 30. ¿Cuántas canicas tiene ahora?

Respuesta: _____

6 Ana compró 74 albaricoques, se comió 30 en una semana y luego compró otros 25 más. ¿Cuántos albaricoques tiene ahora?

Respuesta: _____

7 Carlos tenía 64 euros, gastó 35 en un puzle y su abuelo le regaló 20 euros más. ¿Cuánto dinero tiene ahora?

Respuesta: _____

8 María tenía 40 lápices, regaló 10 a sus amigos y compró 20 más. ¿Cuántos lápices tiene ahora?

Respuesta: _____

9 En un supermercado hay 65 clientes, llegaron 22 más pero se fueron 15. ¿Cuántos clientes quedan?

Respuesta: _____

10 Luis tenía 245 cromos, perdió 42 y luego le regalaron 23 por portarse bien. ¿Cuántos cromos tiene ahora?

Respuesta: _____

¿QUÉ HACEMOS HOY?

David y su clase fueron de visita a un centro de investigación.

1 En el laboratorio hay 28 frascos de reactivos químicos en una estantería y 15 en otra. Si usan 22 frascos en un experimento, ¿cuántos frascos quedan en las estanterías?

Respuesta: _____

2 Mariano, un científico, tiene 45 muestras de suelo para analizar. Recibe 18 muestras más de otro laboratorio y descarta 25 que están contaminadas. ¿Cuántas muestras útiles le quedan?

Respuesta: _____

3 Con esas muestras se hizo un estudio de biodiversidad. Se encontraron 52 especies de insectos en un bosque y 34 en un prado cercano. Si 27 especies están en ambos lugares, ¿cuántas especies diferentes se han encontrado?

Respuesta: _____

4 Mariano recibió más muestras. Documentó 63 especies de insectos de una zona y 47 de otra. Si 35 especies ya estaban registradas, ¿cuántas especies distintas ha documentado?

Respuesta: _____

5 En un experimento sobre plantas, Mariano cultivó 88 plantas de una especie de las cuales 49 se marchitaron antes de recibir 73 de otra remesa. ¿Cuántas plantas saludables quedan?

Respuesta: _____

6 A Mariano le encanta dar clase en el laboratorio. En una clase, 120 estudiantes realizan un experimento. Luego se unen otros 35 más, pero 57 estudiantes no completan el experimento. ¿Cuántos estudiantes completaron el experimento?

Respuesta: _____

1 En una floristería había 80 rosas, llegaron 35 de un pedido y vendieron 30. ¿Cuántas rosas hay ahora en la floristería?

Respuesta: _____

2 Sofía tenía 140 folios, gastó 45 en un trabajo y luego compró 40 más. ¿Cuántos folios tiene ahora?

Respuesta: _____

3 Juan tenía 365 cerezas, le dieron otras 56 y se comió 35. ¿Cuántas cerezas tiene ahora?

Respuesta: _____

4 Ana compró 100 cartulinas, gastó 57 en una manualidad y por la tarde compró 34 más. ¿Cuántas cartulinas tiene ahora?

Respuesta: _____

5 Carlos tenía 58 euros, gastó 23 en un juguete y después se encontró 25 euros en la calle. ¿Cuánto dinero tiene ahora?

Respuesta: _____

6 María tenía 140 pegatinas, regaló 60 a sus amigos y compró 20 más. ¿Cuántas pegatinas tiene ahora?

Respuesta: _____

7 En una plaza hay 54 personas, llegaron 22 y luego se fueron 18 porque hacía calor. ¿Cuántas personas hay ahora en la plaza?

Respuesta: _____

8 Luis tenía 136 libros, regaló 56 pero ganó 25 en un sorteo. ¿Cuántos libros tiene ahora?

Respuesta: _____

9 En una sala de cine hay 130 butacas, retiraron 45 para reparar y luego recibieron 23 nuevas butacas. ¿Cuántas butacas hay ahora en el cine?

Respuesta: _____

10 Pedro tenía 435 euros, gastó 56 en un disco duro y una empresa le dio 77 euros por un trabajo que hizo la semana pasada. ¿Cuánto dinero tiene ahora?

Respuesta: _____

FICHA 8

1 Juan tenía 323 ceras de colores, ganó 58 en un juego y luego perdió 34. ¿Cuántas ceras tiene ahora?

Respuesta: _____

2 Ana compró 452 rotuladores, gastó 123 y después compró 35 más. ¿Cuántos rotuladores tiene ahora?

Respuesta: _____

3 Carlos tenía 312 euros, gastó 65 en un regalo y un amigo le dio 45 euros que le debían. ¿Cuánto dinero tiene ahora?

Respuesta: _____

4 Un quiosco tenía 248 revistas, vendió 53 a sus clientes y luego recibió 64 revistas más. ¿Cuántas revistas tiene ahora?

Respuesta: _____

5 En un curso hay 85 estudiantes matriculados, llegaron 25 más y 20 se fueron de intercambio. ¿Cuántos estudiantes hay ahora en el curso?

Respuesta: _____

6 Luis tenía 220 cromos, perdió 90 y luego ganó 70 en un intercambio. ¿Cuántos cromos tiene ahora?

Respuesta: _____

7 En una biblioteca hay 86 películas en DVD, prestaron 45 y luego recibieron 37 nuevas. ¿Cuántas películas hay ahora en la biblioteca?

Respuesta: _____

8 Pedro tenía 463 euros, prestó 127 € a su hermana y su madre le dio 86 euros más. ¿Cuánto dinero tiene ahora?

Respuesta: _____

9 En unos grandes almacenes había 358 personas, llegaron 57 y más tarde se fueron 136. ¿Cuántas personas hay ahora en el parque?

Respuesta: _____

10 Sofía tenía 183 caramelos, regaló 75 a sus amigos y su padre le compró 47 más. ¿Cuántos caramelos tiene ahora?

Respuesta: _____

¡LOS MOLINOS GIRAN SIN PARAR!

En mi pueblo sopla mucho el viento y han instalado molinos.

1 Los molinos generan energía dependiendo de la hora del día. Por la mañana generan 250 W, por la tarde, 500 W, y por la noche, 50 W.

¿Cuánta energía generan en un día? **Rodea** la respuesta correcta.

| 800 W | 700 W | 853 W | 600 W |

2 El viento varía mucho y no siempre sopla.

	Tiempo
Mañana	3 horas
Tarde	4 horas 30 minutos
Noche	30 minutos

¿Cuánto tiempo sopla en un día? **Colorea** la respuesta correcta.

| 3 horas | 7 horas 30 minutos |
| 8 horas | 8 horas 30 minutos |

3 Cada flecha son 10 molinos. ¿Cuántos molinos de viento hay instalados?

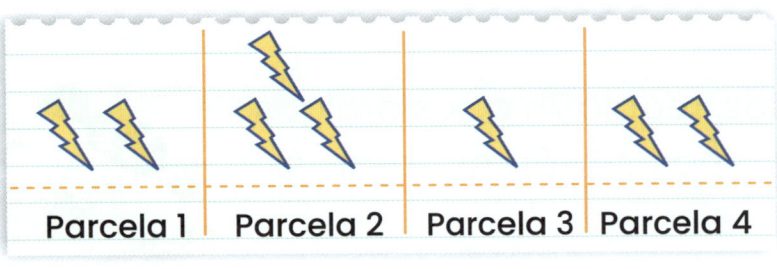

Parcela 1 | Parcela 2 | Parcela 3 | Parcela 4

Colorea la respuesta correcta.

| 100 molinos | 70 molinos | 80 molinos | 90 molinos |

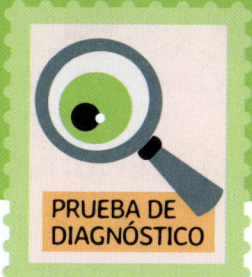
4 Cada molino tiene a su lado una placa solar.

- ¿Qué forma tiene la placa solar?
  Rodea la respuesta correcta.

  | Rectángulo | Triángulo | Cuadrado |

- Si cada lado mide 5 metros, ¿cuánto mide el perímetro
  de la placa solar? **Colorea** la respuesta correcta.

  | 5 metros | 15 metros | 10 metros | 20 metros |

5 La energía eólica no contamina pero las reparaciones de los
molinos son costosas.

Palas	Poste	Generador	Placa solar
200 €	100 €	300 €	150 kg

Indica si es verdadero (V) o falso (F).

	Verdadero	Falso
El generador es lo más caro de reparar.		
La energía eólica es limpia.		
Reparar la placa solar cuesta 300 €.		
Reparar palas y poste cuesta lo mismo que el generador.		

6 En un mes un molino genera 234 € la primera quincena
y la segunda, 489 €. En reparaciones se ha gastado 300 €.
¿Cuánto ha sido el beneficio este mes?

Respuesta: _____

1 El lunes el día empezó con 28 grados de temperatura, por la mañana bajó 14 grados y por la tarde la temperatura subió 21 grados. ¿Qué temperatura había al acabar la tarde?

Respuesta: _____

2 En la biblioteca del colegio había 147 libros. Durante la mañana se prestaron 54 libros y por la tarde llegaron 43 libros nuevos. ¿Cuántos libros hay ahora en la biblioteca?

Respuesta: _____

3 En la cafetería del colegio se prepararon 245 bocadillos. Durante el recreo se vendieron 156 y después se prepararon 58 más. ¿Cuántos bocadillos quedan en la cafetería?

Respuesta: _____

4 En la clase de tercero había 33 alumnos. Cinco se cambiaron de clase, pero luego llegaron 3 alumnos nuevos. ¿Cuántos alumnos hay ahora en la clase?

Respuesta: _____

5 En el gimnasio del colegio había 64 balones. Durante la clase de Educación Física, se están usando 33, y más tarde se trajeron 18 balones más. ¿Cuántos balones hay disponibles ahora?

Respuesta: _____

6 En la sala de música había 80 partituras. Se perdieron 20, pero luego trajeron 10 nuevas. ¿Cuántas partituras hay en total ahora?

Respuesta: _____

7 En la cafetería del colegio había 250 galletas. Se vendieron 100, y después llegaron 50 más. ¿Cuántas galletas hay ahora en la cafetería?

Respuesta: _____

8 En la clase de tercero había 35 cuadernos. Se perdieron 5, pero por la tarde repusieron 17 nuevos. ¿Cuántos cuadernos hay en total ahora?

Respuesta: _____

1 En el laboratorio de ciencias había 105 tubos de ensayo. Se rompieron 18, pero luego compraron 25 más. ¿Cuántos tubos de ensayo hay ahora en el laboratorio?

Respuesta: _____

2 En la tienda había 80 cuadernos. Vendieron 27 por la mañana y recibieron 49 nuevos por la tarde. ¿Cuántos cuadernos tiene ahora la tienda?

Respuesta: _____

3 En el aula de música había 54 flautas. Se dañaron 8, pero después trajeron 14 nuevas. ¿Cuántas flautas hay en total ahora?

Respuesta: _____

4 En el comedor del colegio se sirvieron 180 almuerzos. Por la mañana se vendieron 30, y por la tarde se prepararon 20 más para el día siguiente. ¿Cuántos almuerzos hay en total?

Respuesta: _____

5 En el patio de recreo había 15 bancos. Se rompieron 3, pero al día siguiente instalaron 4 más. ¿Cuántos bancos hay en total ahora?

Respuesta: _____

6 En una sala de reuniones había 52 sillas. Se llevaron 13, pero después trajeron 25 más. ¿Cuántas sillas hay ahora en la sala?

Respuesta: _____

7 En el aula de primero había 44 cuadernos. Se perdieron 16, pero luego encontraron 15 más. ¿Cuántos cuadernos tienen en total ahora?

Respuesta: _____

8 En la clase de quinto había 21 mapas. Se dañaron 5, pero más tarde llegaron 16 nuevos. ¿Cuántos mapas hay en total ahora?

Respuesta: _____

9 En el almacén del colegio había 253 bolígrafos. Se sacaron 85, y luego llegaron 153 más. ¿Cuántos bolígrafos hay ahora en el almacén?

Respuesta: _____

¿QUÉ HACEMOS HOY?

Hoy pasamos el día en la librería.

1 En la librería de Felipe hay 123 libros de aventuras y 85 de detectives. Si se venden 47 libros en un día, ¿cuántos libros quedan?

Respuesta: _____

2 El martes, Felipe recibió un pedido de 62 cuadernos. Ya tenían otros 41 en el almacén, pero 27 de ellos están dañados y no pueden venderse. ¿Cuántos cuadernos tienen en buen estado?

Respuesta: _____

3 Esa tarde, un cliente compró 8 libros de misterio y 5 libros de ciencia ficción. Pero por la tarde devuelve 3 libros de misterio que compró repetidos. ¿Cuántos libros tiene ahora el cliente?

Respuesta: _____

4 Al día siguiente, la librería recibe 146 rotuladores en un pedido y vende 78 en una semana. A la semana siguiente recibe otros 32 en otro pedido. ¿Cuántos rotuladores tienen ahora en total?

Respuesta: _____

5 A Felipe le encanta la sección de papelería. Hay 43 agendas y 32 planificadores. Si venden 19 agendas y 8 planificadores, ¿cuántos de estos artículos quedan en total en la sección?

Respuesta: _____

6 Esta semana ha habido muchas ventas. Se hizo un pedido de 273 lápices y 80 bolígrafos. Se vendieron 25 lápices y 40 bolígrafos en un día. ¿Cuántos artículos de escritura quedan en la librería?

Respuesta: _____

7 En la librería de Felipe había 236 tarjetas de felicitación. Esta semana recibe un nuevo lote de 120 tarjetas. Si venden 79 tarjetas en una semana, ¿cuántas tarjetas tienen ahora en total?

Respuesta: _____

8 La librería actualizó la sección infantil. Ahora hay 90 libros ilustrados y 60 de cuentos. Si 20 libros ilustrados y 15 de cuentos se donan a una escuela, ¿cuántos libros infantiles quedan en la librería?

Respuesta: _____

1 En la sala de lectura había 43 revistas. Se perdieron 15, pero luego trajeron 8 nuevas. ¿Cuántas revistas hay en total ahora?

Respuesta: _____

2 En la clase de Educación Física había 54 cuerdas. Se rompieron 17, pero luego compraron 45 nuevas. ¿Cuántas cuerdas tienen en total ahora?

Respuesta: _____

3 En la biblioteca del colegio había 163 diccionarios. Se prestaron 15, y luego recibieron 29 nuevos. ¿Cuántos diccionarios hay ahora en la biblioteca?

Respuesta: _____

4 En la cafetería del colegio había 342 galletas. Se vendieron 137 por la mañana y luego se hornearon 157 más. ¿Cuántas galletas hay ahora en la cafetería?

Respuesta: _____

5 En la sala de música había 24 guitarras. Cinco se dañaron, pero por la tarde compraron 8 más. ¿Cuántas guitarras hay ahora?

Respuesta: _____

6 Una tienda de ropa tenía 358 prendas, vendieron 169 y después compraron 84 más. ¿Cuántas prendas tiene ahora la tienda?

Respuesta: _____

7 En una escuela había 453 estudiantes, se inscribieron 189 más y al final del curso se graduaron 54. ¿Cuántos estudiantes hay ahora en la escuela?

Respuesta: _____

8 Daniela tenía 52 nueces, se comió 20 y compró 15 más. ¿Cuántas nueces tiene ahora?

Respuesta: _____

9 En un teatro había 252 personas, llegaron 69 más y luego se fueron 34. ¿Cuántas personas hay ahora en el teatro?

Respuesta: _____

¿QUÉ HACEMOS HOY?

Hoy visitamos un museo de pintura.

1 En el museo hay 152 cuadros en la galería principal y 75 en una exposición temporal. Si 48 cuadros se trasladan a otro museo, ¿cuántos cuadros quedan en el museo?

Respuesta: _____

2 El museo recibe 116 visitantes por la mañana y 85 por la tarde. Si 34 visitantes se marchan antes de que termine la tarde, ¿cuántos visitantes hay en el museo al final del día?

Respuesta: _____

3 En una sala del museo hay 83 esculturas y en otra hay 45. Si trasladan 20 esculturas para reparación y mantenimiento, ¿cuántas esculturas quedan en ambas salas?

Respuesta: _____

4 Durante una semana, el museo vende 152 entradas de adulto y 95 entradas de niño. Si el último día se devuelven 27 entradas, ¿cuántas entradas se vendieron realmente?

Respuesta: _____

5 El museo tiene 308 folletos informativos y recibe un nuevo lote de 142 folletos. Si reparten 75 folletos, ¿cuántos tienen ahora?

Respuesta: _____

6 En una exposición temporal hay 68 retratos históricos y 45 fotografías antiguas. Si se retiran 25 para restauración, ¿cuántos objetos quedan en la exposición?

Respuesta: _____

7 El museo ofrece 123 audioguías y 92 guías en papel. Si 40 audioguías se prestan a los visitantes y 25 guías en papel se han devuelto dañadas, ¿cuántas guías hay ahora disponibles?

Respuesta: _____

8 En la tienda del museo hay 73 libros de arte y 55 postales. Si se venden 20 postales y 30 libros de arte, ¿cuántos artículos quedan en la tienda?

Respuesta: _____

1 En la clase de ciencias había 84 lupas. Se rompieron 15, pero luego compraron 28 nuevas. ¿Cuántas lupas hay?

Respuesta: _____

2 En la sala de ordenadores había 43 ratones. Se estropearon 18, pero se compraron 23 nuevos. ¿Cuántos ratones hay en total ahora?

Respuesta: _____

3 En el patio de recreo había 26 balones. Se perdieron 8 y compraron 19 más. ¿Cuántos balones hay?

Respuesta: _____

4 En la clase de tercero había 42 libros de texto. Se prestaron 15, pero se donaron 23 nuevos. ¿Cuántos libros de texto hay ahora?

Respuesta: _____

5 En la sala de arte había 22 caballetes. Se rompieron 3, pero luego instalaron 5 nuevos. ¿Cuántos caballetes hay?

Respuesta: _____

6 En la clase de cuarto había 42 reglas. Se rompieron 15, pero se compraron 34 nuevas. ¿Cuántas reglas hay en total ahora?

Respuesta: _____

7 En la cafetería del colegio había 145 refrescos. Se vendieron 53, pero se repusieron 38 más. ¿Cuántos refrescos hay ahora en la cafetería?

Respuesta: _____

8 En la biblioteca del colegio había 234 cómics. Se prestaron 86 y luego llegaron 39 nuevos. ¿Cuántos cómics hay ahora en la biblioteca?

Respuesta: _____

9 En la clase de tercero había 46 sillas. Se rompieron 14, pero después pusieron 25 nuevas. ¿Cuántas sillas hay en total ahora?

Respuesta: _____

10 En la clase de cuarto había 34 tizas. Se gastaron 5 y compraron 16 nuevas. ¿Cuántas tizas hay?

Respuesta: _____

En la realización de esta obra han intervenido:

Colaborador
Jhoan M. López - @losprofesdeciencias

Edición
Roberto Leal

Maquetación
Raquel Horcajo

Corrección
Miguel Ángel Alonso

Diseño gráfico
Patricia G. Serrano, Marta Gómez y Paz Franch

Edición gráfica
Nuria González

Fotógrafos
Archivo Anaya (Cosano, P.; Hernández, B.; Martín, J.A.; Ortega, Á.), Istockphoto/Getty Images (Alexan2008; Drazen Zigic; Elenathewise; Etiennevoss; Gordon Bell Photography; Isabella Antonelli; Lakovenko; LiliGraphie; Liudmila Chernetska; MahirAtes; Marco Food; Orensila; Pavel Kostenko; Pioneer111; Raphael Ruz; RoJDesign; Serg Velusceac; Shironosov; Studioimagen73; Style-photography; Tim UR, Tomalu; Zepp 1969)

ISBN: 978-84-696-3632-9
Depósito legal: M-860-2025

Printed in Spain